Für Inni

1. Auflage / 1st edition

ISBN 978-3-00-068175-2

Produziert mit Papier aus nachhaltiger Forstwirtschaft.
Produced with paper from sustainable forestry.

THE ALPHABET IS NOT A PLANET

DAS ALPHABET IST KEIN PLANET

ALEX HANKE

VERLAG VON WEGEN

Sag hallo zu Anton! Anton wollte schon immer Astronaut werden und das All erforschen – und das hat er auch geschafft. Mittlerweile leitet er die „Internationale Raumstation der Tiere" und ob du es glaubst oder nicht: Hier tauscht er gerade seinen Proviant mit dem berühmten Raumfahrer Alexander Gerst. Anton mag nämlich viel lieber Äpfel als Bananen.

Say hello to Anton! Anton always wanted to become an astronaut and explore space – and he did. For a while Anton led the „International Animal Space Station" and believe it or not, here he is swapping apples with the famous astronaut Buzz Aldrin. Anton also has an unusual appetite, not for bananas, but for apples, apricots and avocados.

Bb

Pssst, bitte nicht stören. Beim Bücherlesen braucht Boris, der Bär, seine Ruhe. Am liebsten setzt er sich dabei unter einen Baum und versinkt in den spannenden Geschichten, bis ihm vor lauter Buchstaben ganz schwindelig wird. Manchmal summt seine Freundin, die Biene Bizzi, neugierig um seine Nase herum. Das ärgert Boris ein bisschen, aber hey, Bizzi möchte schließlich auch mitlesen.

Shhh, please do not disturb. When reading books, Boris the Bear needs his peace and quiet. He likes to sit under a tree and sink into the exciting stories until he gets dizzy from all the letters. Sometimes his friend, Bizzi the bee, hums curiously around his nose. This bothers Boris a little, but hey, Bizzi wants to read along, too.

Hast du schon mal ein Croissant gegessen?
Clownin Clementine behauptet felsenfest, sie hätte dieses Gebäck mit dem ulkigen Namen ganz allein erfunden. Ihr Geheimrezept: Bevor sie die vielen, vielen Teigschichten zusammenrollt, füllt sie noch eine Tüte Luft und einen großen Löffel Witz hinein. Wenn du also das nächste Mal in ein Croissant beißt, wundere dich nicht, wenn du plötzlich anfängst zu lachen.

Have you ever eaten a croissant?
Clementine the Clown is adamant that she invented this pastry with the funny name all by herself. Her secret recipe: before she rolls up the many, many layers of dough, she fills it with a bag of air and a big spoonful of pure joy. So the next time you bite into a croissant, don't be surprised if you suddenly start laughing.

Für Dinosaurierdame Daphne gab es nichts Besseres als Donuts. Kein Wunder, schließlich war sie ja ein Donutosaurus Rex. In den meisten Büchern kommt diese Dino-Art gar nicht vor, dabei gehörten Daphne und ihre Verwandten zu den bekanntesten Kreaturen auf der Erde. Wirklich schade, dass sie ausgestorben sind, nachdem die Urzeit-Bäckereien keine Donuts mehr hergestellt haben.

For dinosaur lady Daphne, there was nothing better than donuts. No wonder, after all, she was a Donutosaurus Rex. Most books don't even mention this dinosaur species, although Daphne and her relatives were among the best-known creatures on Earth in their heydays. It's a real pity that they became extinct after the prehistoric bakeries stopped making donuts.

Esmail, der Elefant, ist ein wirklich fürsorglicher Kerl. Seit dem Tag, an dem er zufällig das Ei eines Kuhreihers fand, macht er es sich zur Lebensaufgabe, diese Vogelart zu beschützen. Während der Brutzeit kümmert er sich rührend um den Nachwuchs der Reiher-Eltern. Dieses Jahr bewacht er sage und schreibe 3.566 Eier. Wie er das schafft? Das ist sein Geheimnis.

Esmail the Elephant is a really caring guy. Since the day he accidentally found the egg of a cattle egret, he has made it his life's work to protect this adorable and intelligent bird species. During the breeding season he cares for the offspring of the heron parents. This year he is guarding no less than 3,566 eggs. How does he do it? That is his secret.

Flamingo-Dame Farisa aus Florida ist bekannt dafür, ziemlich etepetete zu sein. Während die anderen Flamingos im schlammigen Wasser nach Algen und Krabben fischen, denkt sie gar nicht daran, sich den Schnabel schmutzig zu machen. Stattdessen trinkt sie lieber Fruchtsaft – natürlich mit einem Strohhalm.

Flamingo lady Farisa from Florida is known for being quite posh. While the other flamingos are fishing for algae and crabs in the muddy water, she wouldn't even contemplate getting her beak dirty. Instead, she prefers to drink fruit juice, with a straw of course.

Gg

Vorhang auf für Gerd, den Gitarre spielenden Gorilla! Seit er sich das Instrument von einem Touristen „ausgeborgt" hat, übt Gerd jeden Tag. Schon in den frühen Morgenstunden sitzt er in seinem Schaukelstuhl und spielt voller Hingabe alte Lieder von João Gilberto. Wenn du dein Ohr ganz nah an Gerds Gitarre hältst, kannst du ihn die schönsten Melodien zupfen hören.

Curtain up for Gerd, the guitar-playing gorilla! Since he „borrowed" the instrument from a tourist, Gerd has been practicing every day. Even in the early hours of the morning, he sits in his rocking chair and plays old songs by João Gilberto with gusto. If you put your ear very close to Gerd's guitar, you can hear him strumming.

Einfach nur süß, wie Hamster Harrison hier im Honigtopf sitzt. Nur noch sein Kopf mit dem lustigen Hut obendrauf guckt heraus. Du musst wissen: Harrison ist ein Honighamster – ein sehr seltener Verwandter des gewöhnlichen Feldhamsters. Er hat immer wieder versucht, sich vegan zu ernähren, aber auf seinen geliebten Honig kann er einfach nicht verzichten.

It's just cute how Harrison the Hamster is sitting here in the honey pot. Only his head with the funny hat on top is peeking out. But here is how it is: Harrison is a honey hamster, a very rare relative of the common field hamster. He has tried again and again to eat a vegan diet, but he just can't do without his beloved honey.

Alle denken, die kleine grönländische Insel Illorsuit wäre verlassen. Aber das stimmt nicht! Hier lebt das Inuk-Mädchen Ikiaq. Tagsüber genießt sie die Ruhe in ihrem Iglu. Am Abend kuschelt sie sich mit ihren Freund*innen vor dem Lagerfeuer zusammen. Dann singen sie Lieder über längst vergessene Geschöpfe, die einst die Insel bewohnten. Aber pssst, erzähl dieses Geheimnis niemandem weiter.

Everyone thinks the small Greenlandic island of Illorsuit is deserted but that is just not true! This is where the Inuk girl Ikiaq lives. During the day she enjoys the peace and tranquillity in her igloo. In the evening she cuddles up with her friends in front of a fire. Then they sing songs about long-forgotten creatures that once inhabited the island. But shhh! Don't tell anyone this secret.

Jamiro, der Jaguar, ist ganz verrückt nach Juwelen. Je größer, desto besser. Jeden Tag streift er mit seinem Partner Jakob durch den brasilianischen Dschungel – immer auf der Suche nach neuen Schätzen. Manchmal würde Jakob lieber einfach in seiner Hängematte liegen bleiben, aber: Was tut man nicht alles für seinen Liebsten?

Jamiro the jaguar is crazy about jewels and the bigger the better. Every day he roams the Brazilian jungle with his partner Jakob – always on the lookout for new treasures. Sometimes Jakob would rather just lie in his hammock, but: what won't you do for your loved one?

Licht aus, Spot an für Kylie aus Australien! Die Koalabärin ist eine wahre Künstlerin auf dem Keyboard. In ihrem kleinen Musikstudio in Kandanga arbeitet sie gerade wieder fleißig an neuen Liedern. Wenn du mal in der Gegend bist, dann schau doch auf eine Tasse Eukalyptustee vorbei. Kylie plaudert für ihr Leben gern über Musik.

Lights out and spotlights on for Kylie from Australia! The koala bear is a true artist on the keyboard. In her little music studio in Kandanga she's busy working on new songs again. If you're ever in the area pop in for a cup of eucalyptus tea. Kylie loves to chat about her life and music.

Wie alle anderen Lamas ist auch Leonard ein sehr soziales Tier. Naja, zumindest die meiste Zeit. Wenn es nämlich um Lollis geht, kann er ganz schön egoistisch sein. In den Anden, wo Leonard lebt, gibt es die leckeren Lutscher schließlich nicht an jeder Ecke. Schon verständlich, dass er deshalb nicht sooo gerne teilt, oder?

Like all other llamas, Leonard is a very social animal. Well, most of the time, at least. When it comes to lollipops he can be quite selfish. In the Andes, where Leonard lives, the delicious lollipops are not available on every corner. It's understandable that he doesn't like to share them, isn't it?

Mm

Puh, Maus Monroe hat's echt nicht leicht. Immerhin wiegt ihre Lieblingsfrucht, die Mango, viel mehr als sie selbst. Monroe musste sogar eine größere Tür in ihr Häuschen einbauen, damit die Mangos überhaupt hineinpassen. Aber wenn der herrliche Duft der Frucht erstmal das ganze Mäusehaus erfüllt, ist sämtliche Anstrengung vergessen. Ein Bissen reicht und schon ist Monroe im siebten Mango-Himmel.

Phew! The life of Monroe the Mouse can be quite strenuous. After all her favourite fruit, the mango, weighs much more than she does. Monroe even had to build a bigger door for her house so that the mangoes could get through. But once the magical smell of the fruit fills the entire mouse house, all the hard work is forgotten. Mmmmh, one bite is enough and Monroe is in mango heaven.

Nooni ist ein ganz außergewöhnlicher Narwal, denn anders als seine einhörnige Verwandschaft ist er winzig klein und passt in eine Nussschale. Ganz schön niedlich, oder? Nooni findet es auch richtig gemütlich in seinem Mini-Pool. Das Problem ist nur, dass er es nicht alleine wieder herausschafft. Kannst du ihm bitte kurz helfen?

Nooni is a very unusual narwhal because unlike his unicorn relatives he is tiny and fits into a nutshell. Pretty cute, isn't he? Nooni also finds it really cosy in his mini-pool. The only problem is that he can't get out on his own. Perhaps you can help him?

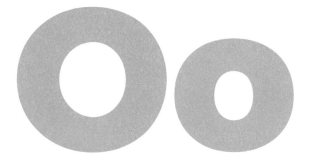

Orang-Utan-Dame Osilia aus Borneo liebt Orangen über alles. Sie verputzt so viele von den süßen Zitrusfrüchten, dass sie selbst schon ganz orange geworden ist. Aber Scherz beiseite – Osilia hat die Orangen nämlich nicht nur zum Fressen gern. Aus den Schalen macht sie hübsche Ohrringe, die sie auf dem Markt verkauft.

Orangutan lady Osilia from Borneo loves oranges more than anything. She eats so many of these sweet citrus fruits that she herself has already turned orange. But joking aside – Osilia doesn't just devours these oranges. She makes pretty earrings out of the peels and sells them at a local market.

Pepito ist der einzig bekannte Polizeipinguin in der ganzen Antarktis. Naja, eigentlich ist er gar kein richtiger Polizist, aber er liebt es einfach, in diese Rolle zu schlüpfen. Adéliepinguine wie er sind nämlich besonders verspielte und lustige Wesen. Wenn aber jemand das Gesetz bricht, hört der Spaß auf: Zu schnell Schlittschuh gelaufen, ohne Spikes mit dem Fahrrad unterwegs oder ein offenes Feuer auf der Scholle – schon ertönt Pepitos Pfeife. Pfffff!

Pepito is the only known police penguin in the whole of Antarctica. Actually, he's not a real policeman at all, but he just loves slipping into that role. Adélie penguins like him are particularly playful and funny creatures. But when someone breaks the law, the fun stops: skating too fast, riding a bike without spikes or an open fire on the floe – Pepito blows the whistle. Pfffff!

Die Ente Quadrophenia hat nur Quatsch im Kopf. Gerade hat sie es sich in einem großen Becher Quark gemütlich gemacht, um sich die Füße nach einem langen Entenmarsch abzukühlen. Dabei quasselt sie unaufhörlich weiter, dass selbst ihr Onkel Wesbert im Nachbardorf sie hören kann.

The duck Quadrophenia has nothing but nonsense on her mind. She has just made herself comfortable in a large cup of quark to cool her feet after a long duck walk. She yaps on and on, so much so that even her uncle Wesbert in the neighbouring village can hear her.

Ratte Ritchey ist der wahrscheinlich beste Tänzer der Stadt. Ob Walzer, Disco Fox oder Rumba – der Rhythmus steckt ihm einfach in den Pfoten. Am allerliebsten tanzt er nach einem starken Regenschauer um die Pfützen herum, in denen sich die Farben des Regenbogens spiegeln.

Rat Ritchey is probably the best dancer in town. Whether waltz, disco fox or rumba – the rhythm is simply in his paws. His favourite thing to do after a heavy rain shower is to dance around the puddles that reflect the colours of the rainbow.

Ss

„Sssssssss, mir ist sooo heißßßßßß!". Simoni, die Sandviper, schwitzt heute fürchterlich, denn sie hat ihren Sonnenhut vergessen. Am liebsten würde sie sich im Sand eingraben, um sich vor der Hitze zu schützen. Aber sie macht gerade Urlaub an der Küste Kroatiens und weit und breit gibt es nur Felsen.

"Sssssss, I'm ssssooo hot!" sighs Simoni, the sand viper. She is sweating terribly today because she forgot her sun hat. Simoni would love to bury herself in the sand to protect herself from the heat. But she is on holiday on the Croatian coast and as far as the eye can see there are only rocks.

Bei Timothy startet jeder Tag mit einer Tasse Tee. Dieser Tiger ist ein wahrer Tee-Experte und hat für jede Situation die passende Mischung parat: zum Entspannen, zum Erfrischen im Sommer, zum Aufwärmen im Winter. Auch für jede Art von Wehwehchen kennt Timothy den passenden Tee. Neulich zum Beispiel musste er den ganzen Tag pupsen. Da half eine Tasse Tausendgüldenkraut-Tee.

For Timothy, every day starts with a cup of tea. This tiger is a true tea expert and has the right blend for every situation: to relax, to refresh in summer or to get warm in winter. Timothy also knows the right tea for every kind of ache and pain. The other day, for example, he was farting all day and a cup of dandelion root tea helped wonders.

Uhu-Dame Ustia war schon immer etwas flugfaul. Darum hat sie sich dieses tolle Luftfahrzeug gebaut. Sie nennt es „Ustias Flugobjekt" – oder einfach nur Ufo. Hast du schon mal ein Ufo gesehen? Dann war das bestimmt Ustia, die gerade eine Spritztour gemacht hat.

Owl lady Ustia has always been a bit lazy about flying. That's why she built herself this great unusual vehicle. She calls it „Ustia's flying object" – or simply UFO. Have you ever seen a UFO? Then it was definitely Ustia who just went for a spin.

Valdemar, der Vampir, kann es kaum erwarten, nachts endlich aus seiner Gruft zu steigen und Violine zu spielen. Er ist ein wahrer Virtuose auf diesem Instrument. Aber kein Wunder, schließlich übt er auch schon seit 437 Jahren. Leider gibt es bisher nur wenige Menschen, die seinen Melodien lauschen konnten. Die meisten hatten plötzlich Probleme mit sehr niedrigem Blutdruck...

Valdemar the Vampire can hardly wait to finally climb out of his crypt at night and play the violin. He is a true virtuoso on this instrument. But no wonder, after all, he has been practicing for 437 years. Unfortunately, there have only been a few people who have been able to listen to his melodies. Most of them suddenly had problems with very low blood pressure...

Für Wal-Dame Wilma gibt es an heißen Sommertagen nichts Schöneres, als sich in einer kalten Wassermelone zu erfrischen. Blöd nur, dass Wilma in der Melone nicht so gut tauchen kann. Schließlich hält sie sich für gewöhnlich bis zu 1.500 Meter tief im Wasser auf. Die Melone ist nur zehn Zentimeter tief, aber dafür schmeckt sie viel köstlicher.

For whale lady Wilma, there's nothing better on a hot summer's day than refreshing herself in a cold watermelon. It's just a shame that Wilma can't dive very well in a melon. After all, she usually stays in water up to 1,500 meters deep. The melon is only ten centimeters deep, but it tastes much more delicious.

Das Xylophon ist ein wirklich cooles Instrument. Vor allem, wenn es so schön bunt ist wie dieses hier. Ob türkis, gelb, rot oder weiß – in jedem Klangplättchen steckt ein anderer Ton, den du mit den Holzschlägeln hervorzaubern kannst. So entstehen die verrücktesten Melodien.

The xylophone is a really cool instrument. Especially when it's as colourful as this one. Whether turquoise, yellow, red or white – each sound plate contains a different tone that you can conjure up with the wooden mallets. This is how the craziest melodies are created.

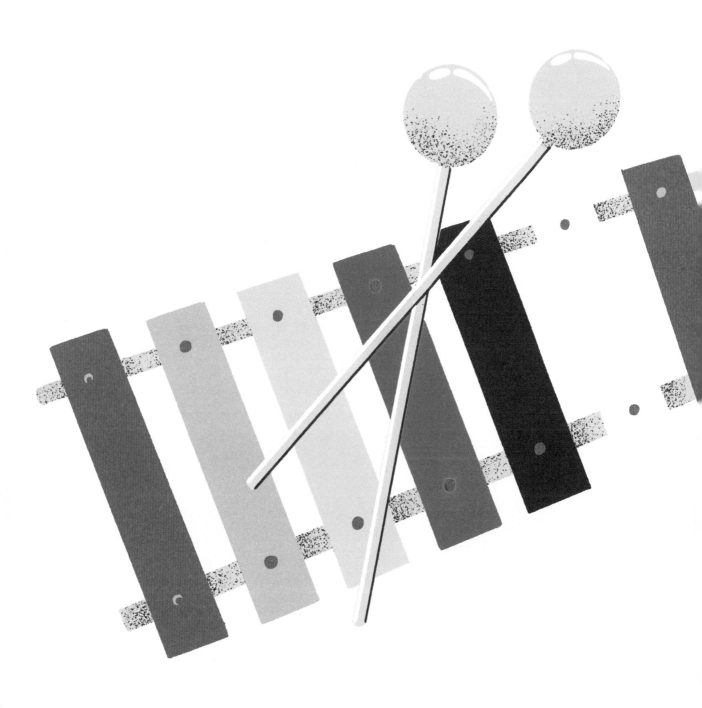

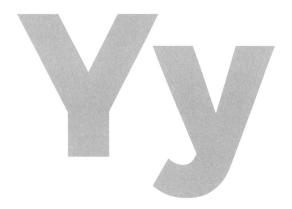

Wusstest du eigentlich, dass Yaks superentspannte Tiere sind? Das liegt vielleicht daran, dass sie wie Yannis fast sieben Stunden am Tag Yoga machen oder meditieren. Viele nennen sie „stumme Rinder", weil sie kaum ein Geräusch von sich geben. Aber in Wahrheit unterhalten sie sich per Telepathie miteinander. Ganz schön clever, oder?

Did you know that yaks are super relaxed animals? Maybe that's because, like Yannis, they do yoga or meditate for almost seven hours a day. Many call them „silent cattle" because they hardly make a sound. But in reality, they communicate with each other via telepathy. Pretty clever, isn't it?

Zz

Zalina, das Zebra, war früher Zeppelinpilotin in Simbabwe. Mittlerweile ist sie im Ruhestand, aber manchmal vermisst sie es, im Cockpit dieser Luftschiffe zu sitzen. Immer wenn ein Zeppelin über ihr vorbeifährt, guckt sie ihm noch lange nach. Manchmal gerät sie dabei so ins Träumen, dass sie beinahe ... zzzzz ... einschläft ... zzzzz ...

Zalina the Zebra used to be a zeppelin pilot in Zimbabwe. She is now retired but sometimes she misses sitting in the cockpit of the airships. Whenever a zeppelin passes overhead she watches it for a long time. Sometimes she gets so carried away that she almost ... zzzzz ...
falls asleep ... zzzzz ...

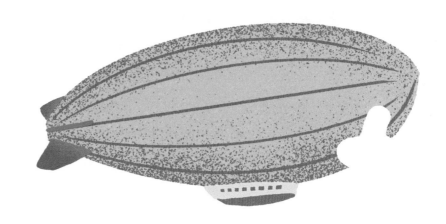

IMPRESSUM / IMPRINT

Herausgegeben von / Published by:
Verlag von Wegen · verlagvonwegen.de

Konzept & Gestaltung / Concept & Design:
Alex Hanke · zumheimathafen.com

Text / Words:
Alex Hanke (ENG)
Maggie Hagemann (D)

Lektorat / Editing:
Ruth Dekker (ENG)
Jens Aulkær Bentzen (ENG)
Marijke Schwarz (D)

Lokal gedruckt durch / Printed locally by:
RESET ST. PAULI

Merci:
Ida, Juna, Maevis, Franky, Mila, Sarah